Dix jours au pays des crevettes

Laurence Dallier

Dix jours au pays des crevettes

JOURNAL

BoD

© 2009 Laurence Dallier

Éditeur : Books on Demand, 12/14 rond-point des Champs Elysées, 75008 Paris, France.
Impression : Books on Demand GmbH, Norderstedt, Allemagne.
ISBN : 9 782810 603510
Dépôt légal : avril 2009

Londres
Mercredi 23 juillet 2008

Comme prévu, le taxi s'arrête au milieu de la rue à 3h15 du matin, comme prévu. Je lui fais signe de la main et nous embarquons nos bagages volumineux, porteurs de souvenirs, de promesses, d'espérance.

« Heathrow Terminal deux » lance mon mari. Notre élégant chauffeur en costume cravate démarre.

« Il ne devrait pas y avoir beaucoup de circulation à cette heure-ci » renchérit mon mari.

- Non. D'ailleurs, j'aime conduire à cette heure matinale.

- N'êtes-vous pas fatigué de faire le trajet si tôt le matin ?

- Si, mais j'aime quand la voie est libre ».

Notre élégant chauffeur indien nous amène sans encombre à l'aéroport.

L'enregistrement des bagages s'effectue sans problème, même si la cage vide du chien est volumineuse.

Nous décidons d'attendre notre vol en prenant un thé assis sur le canapé en cuir moelleux du café Costa. Nous sommes visiblement les premiers clients puisque les chaises de style cabaret sont toujours sur les tables. Alors que nous buvons avidement notre thé, un homme d'une trentaine d'années, sûr de lui vient s'installer à notre table et s'assoit dans un fauteuil en cuir juste en face de nous. Cette proximité me gêne. Pourquoi ne s'assied-il pas à une table adjacente ? J'ai l'impression que cet homme nous observe, écoute notre conversation et me dévisage.

Il sort un calepin aux pages jaunies recouvertes d'une écriture incroyablement nette et penchée, sans doute son journal de bord. Il commence à écrire son journal avec ardeur. Je pose mon regard sur lui et observe à loisir cet homme au visage basané, au nez aquilin, les cheveux noirs touffus et drus, les traits du visage ciselés par un artiste dont la vitesse ne lui permit pas d'en achever les détails.

Notre inconnu porte un jean noir délavé dont les marques sont le témoin de nombreux voyages, une chemise écrue à manches courtes et à rayures marron dont l'espace généreux accentue la carrure des épaules. Ses chaussures noires solides sont partiellement cachées par la table basse qui n'est sans doute pas assez confortable pour ses élans littéraires puisqu'il jette un regard à la table circulaire voisine que le serveur a débarrassée de ses chaises. Va-t-il se lever et changer de place ? Nullement. Il se penche et attrape la table qu'il rapproche de son siège confortable. Son écriture dense reprend de plus belle.

Je sors mon calepin à spirales et prend des notes de cette scène mémorable, l'image de mon image ou fonction iconique de Roman Jakobson[1], le miroir antitype, genre inversé, s'observant mutuellement, miroir de mon miroir, mon bronzage artificiel reflétant le sien plus crédible.

Le tableau d'affichage nous indique qu'il est temps de rejoindre la porte d'embarquement. Sinon un retard d'une vingtaine de minutes, le vol jusqu'à Paris Charles de Gaulle se passe sans incident. Nous nous précipitons hors de l'appareil pour ne pas manquer notre correspondance pour Douala. Je repère sur mon passage quelques passagers qui me paraissent camerounais. Arrivés à la porte d'embarquement, nos observations sont confirmées : j'avais bien reconnu leur maintien parfait, leur corps bien proportionné et les traits réguliers de leur visage.

Mais un autre groupe attire mon regard : une dizaine de personnes en tee-shirts jaunes, un groupe hétéroclite composé de jeunes et de séniors s'embarquant dans une aventure à vocation chrétienne, témoins leurs tee-shirts identiques « Bread for life, changing heart, changing lives – Christian Medical outreach », affichant leur site web mais aussi un certain paternalisme naïf digne d'un *Pauvre Christ de Bomba.*[2]

Je profite de ces quelques heures de vol pour analyser mes sentiments. Mon inquiétude grandissante, au fur et à mesure que je repasse dans mon esprit la somme de mes huit années au Cameroun, a fait place à une fébrilité peu ordinaire. Mon Cameroun que je n'ai pas revu depuis quatre ans, une séparation douloureuse, moi la blanche camerounaise assise entre deux cultures, mais qui n'ai que la peau qui trompe, étant « noire de l'intérieur ». L'écrivain camerounais Calixthe Beyala[3] écrivait, « Le jour où je suis devenue blanche », je pourrais dire « le jour où je suis devenue noire ». J'imagine la belle Christine, mon amie duala nous attendant à l'aéroport. Allons-nous pleurer dans les bras l'une de l'autre, mes larmes présentes étant le précurseur de fontaines plus abondantes ? Afrique, que m'as-tu fait ? M'as-tu ensorcelée ? Je me souviens de la nuit où j'ai rêvé que j'étais noire, admirant ma peau d'ébène et mes cheveux aux boucles dignes des meilleurs ressorts d'un stylo dont la soupape a sauté, révélant des émotions profondes enfouies profondément en moi et resurgissant par vagues cascadantes sur mes épaules et dans mon esprit.

L'avion amorce sa descente. Mon teint basané artificiel est à la fois mon désir d'appartenance à un peuple cher à mon cœur, mais aussi fait office de trompe l'œil pour les douaniers en quête d'un treizième mois, qui ne penseront pas que je viens d'arriver et de ce fait que je suis une proie facile. Je m'interroge sur la situation économique actuelle au Cameroun, les émeutes dues à la cherté de la vie. Auront-elles une incidence sur les douaniers habituellement avides d'argent liquide, pour compenser le manque de régularité dans le paiement des salaires des fonctionnaires ?

Comment la crise économique a-t-elle affecté l'élégante Christine ? J'ai appris que quelque temps après la mort de sa mère, elle avait dû quitter son appartement dans le quartier chic de Bonapriso pour rejoindre la maison maternelle, la compagnie aérienne pour laquelle elle travaillait ayant fait faillite. A-t-elle retrouvé un emploi ? Son train de vie dans son appartement cossu a-t-il baissé ? Peut-elle toujours se permettre les bons soins de « mère », la cuisinière et gouvernante de sa fille ? Porte-t-elle toujours des vêtements chics et sent-elle bon « Faubourg » d'Hermès ? Christine a toujours su allier l'élégance des Françaises à la grâce et à la convivialité des Camerounaises. Qu'à cela ne tienne, l'odeur gourmande de « Trésor » de Lancôme devrait satisfaire ses papilles olfactives.

Plus que deux heures de vol. Mon cœur bat d'impatience. Je me change dans les toilettes et revêt mon caba[4] africain bigarré. Métamorphose. Je suis bien la seule européenne dans cet avion à afficher mon africanisme de façon si ostentatoire.

A la sortie de l'avion, la chaleur m'enveloppe d'une sensation bienveillante, telle une brume où les gouttelettes réchauffent mes os alanguis d'une Afrique à la moiteur réconfortante.

Nous nous approchons de la queue pour le contrôle sanitaire dont les voyageurs forment les méandres. Elle n'avance pas vite. Et pour cause : le visage obtus de la déléguée au contrôle sanitaire ne présage rien de bon. Nous changeons de file en un clin d'œil. Nous avons fait le bon choix : le préposé au contrôle sanitaire regarde rapidement notre carnet de vaccination affichant le vaccin contre la fièvre jaune, et nous nous dirigeons vers le contrôle des passeports.

Nous nous engageons dans la file où le contrôleur est de sexe masculin ayant constaté que les femmes sont plus souvent pointilleuses. Mon mari passe en premier. Le contrôleur préposé aux passeports y applique un tampon sonore en une minute. A mon tour, je dépose mon passeport et ma carte de séjour sur le comptoir. Le contrôleur me fait attendre, ce qui est mauvais signe. A la vue de mon passeport, sa mine se renfrogne. Il me dit d'un ton peu aimable : « Vous n'avez pas mis la date de votre séjour au dos de la carte de séjour ». J'ajoute la date et remet la carte de séjour sur le comptoir. Il la prend et me lance : « Vous ne vous appelez pas Madame Laurence Dallier ». Je réponds que si. Perplexe, j'ajoute : « J'ai mis la date d'arrivée ». Il hausse la voix et me répond : « Le nom et l'adresse de la personne qui vous héberge ». J'ajoute : « Je n'avais pas compris ». Afin de ne pas entrer dans son jeu, je ne dois surtout pas dire « Mais ce n'est pas ce que vous m'avez demandé ! ». Avec soulagement, je le vois tamponner mon passeport qu'il me remet sans un mot.

Je demande à mon mari s'il a eu les mêmes difficultés. Sa réponse négative me conforte dans mon intuition : soit le préposé au contrôle des passeports est misogyne, soit il n'aime pas ma nationalité. J'opte pour la deuxième solution, puisque mon mari est anglophone.

Troisième barrage, la douane : je pousse un soupir de soulagement et de joie à la vue de mon amie Christine qui a réussi à entrer dans cet espace privilégié où se côtoient autochtones, vacanciers et douaniers. Nous tombons dans les bras l'une de l'autre :

– Bonjour Christine.
– Laurence, bonne arrivée. Cela me fait vraiment plaisir de te revoir.
– Et moi donc !
– Allons chercher les bagages, mais tu sais, je n'ai pas réussi à voir le commissaire de l'aéroport ou le sous-chef. Ils sont en vacances.

A ces paroles, je comprends qu'il va falloir nous débrouiller seules à la douane. Nous chargeons les bagages sur le chariot en prenant bien soin de mettre la cage du chien en bas. En neuf ans au Cameroun j'ai toujours échappé à la fouille des bagages. Mais à cette époque là, j'étais résidente. Va-t-on me voir en tant qu'Européenne maintenant ? Un premier douanier me demande les récépissés de mes bagages. Je cherche partout dans mon sac sans les trouver. Je sais pourtant que je les ai mis quelque part. Soudain, je me rappelle avec un mélange d'horreur et d'amusement, que les récépissés sont dans ma banane en cuir que j'ai attachée sous caba. Je le dis à Christine qui se met à rire, car il va falloir que je soulève ma jupe pour y avoir accès. Voilà, c'est fait ! Nous rions de plus belle. Après avoir remis les récépissés au premier douanier, nous nous avançons vers le contrôle des bagages. Suis-je redevenue blanche ?

Quelqu'un devant nous se fait contrôler, aussi Christine manœuvre-t-elle le chariot pour avancer doucement vers la sortie où un autre voyageur se dirige et passe avec succès. Malheureusement, un autre douanier nous dit de rejoindre la file d'attente et fait signe à sa collègue de nous contrôler. La douanière me demande ce que contiennent mes bagages. Christine s'empresse de répondre à ma place que ce sont des effets personnels. J'ajoute : « Ce sont mes vêtements ». Elle me demande ce que contient le bagage volumineux en bas. Je réponds : « Une cage ». Elle s'exclame avec étonnement : « Une cage ! ». Je dis « Oui, la cage du chien, mais il n'est pas dedans ». Elle se met à rire, la plupart des Camerounais ayant une peur bleue des chiens et me dit « Passez ». J'ai alors la confirmation que je suis toujours camerounaise !

A la sortie de l'aéroport, une foule de porteurs se précipitent autour de nous. Christine me fait signe que notre amie Pauline nous attend parmi la foule des personnes venues accueillir leurs proches. Nous tombons dans les bras l'une de l'autre nous exclamant à l'unisson : « Meilleure copine ! ». Je m'attends à voir la voiture rose métallisée de Christine, mais c'est un break qui nous attend, la voiture de son beau-frère. J'apprends que la sienne est au garage. Arrivés chez Christine, Martin le mari de Pauline, nous rejoint avec notre ami Lucien. Le repas est quelque peu perturbé par l'éloquent beau-frère Francis qui nous a rejoints pour un dîner typiquement camerounais : poisson braisé, miando, taro et boulettes de viande hachée aux légumes et à l'arachide. Après un repas aussi succulent, la fatigue nous gagne. Nous nous retirons dans notre chambre et tombons dans la torpeur bienveillante d'un sommeil rempli de rêves d'Afrique.

Douala
Jeudi 24 juillet 2008

Je me réveille dans une chambre aux murs et plafond blanchâtres qui ont connu de meilleurs jours, les auréoles au plafond étant le signe de pluies diluviennes qui se sont introduites par les interstices des tôles mal raccordées. La porte et les plinthes sont peintes en gris. Le mobilier sommaire se compose d'un lit en bois, d'une table de nuit et d'une armoire aux portes branlantes qui sont un signe de vétusté. Un gecko trottine sur les murs et me fait un clin d'œil de ses gros yeux globuleux.

En prenant le petit déjeuner, je discute avec Christine et sa fille Léonie des émeutes qui ont eu lieu en mars dernier.

Léonie se trouvait à la maison. Elle a entendu des coups de feu et se demandait bien ce qui se passait. Christine était dans la rue et au bruit des coups de feu elle s'est précipitée dans les escaliers menant à son appartement avec deux autres personnes, manquant presque de se casser la jambe. Léonie m'explique qu'elle est restée trois semaines sans aller à l'école française Dominique Saviot. Christine me dit être restée cloîtrée à la maison avec les seules victuailles qu'elle possédait.

Léonie me confie qu'elle n'aime pas habiter dans la maison familiale. André, le frère de Christine est au rez-de-chaussée. L'appartement de Christine, composé de quatre chambres, est à l'étage. J'essaye de me concentrer sur les points positifs de cet appartement, de lui faire valoir que la salle à manger est immense et qu'il y a une grande terrasse où on peut prendre l'air dans la brise du soir à l'abri d'un manguier. Mais je la comprends. L'appartement précédant était situé dans le quartier résidentiel de

Bonapriso, et il disposait d'une piscine. Les meubles défraîchis confirment ce que m'avait dit Pauline la veille, à savoir que Christine n'arrive pas à retrouver du travail. Je comprends que tout cela pèse sur Léonie, qui du haut de ses quinze ans, est concernée par son statut au collège où les fils et filles d'ambassadeurs, de fonctionnaires français détachés à l'étranger, habitent tous des pavillons chics avec gardien.

Après une discussion animée sur l'endroit où on obtient le meilleur taux de change pour la livre sterling, nous optons pour la BICEC. La maison de Christine est en plein « quartier »[5], c'est-à-dire, dans un chemin de terre où les toits des maisons se chevauchent sans ordre apparent. Nous n'avons pas fait vingt pas que les enfants s'exclament : « Ça, ce sont les Chinois ! ». Cette réflexion confirme ce que nous avions lu dans les journaux en Europe, qu'un nombre important de Chinois ont émigré en Afrique, et plus particulièrement au Cameroun. Va-t-on assister à une autre colonisation ?

Nous prenons un des taxis jaunes pour le centre ville de Bonanjo et sommes impressionnés par le nombre de taxis motos. La crise pétrolière a fait augmenter le prix d'un trajet en taxi qui est maintenant fixé à 200 CFA, les motos 150 CFA ou en marchandant on peut payer 100 CFA. Arrivés à la BICEC, la fraîcheur de la climatisation contraste avec la chaleur ambiante de Douala. Alors que nous faisons la queue au guichet du change, la caissière d'à côté s'exclame : « Vous êtes revenus !». Et nous voilà en face de Béatrice qui faisait ses études à l'université de Yaoundé et qui visiblement a eu beaucoup de chance de trouver un emploi dans le secteur bancaire, alors que la conjoncture économique au Cameroun limite les places disponibles. Elle me lance : « Où sont les provisions ? », ce qui veut dire, « que m'as-tu apporté comme cadeau ? ». Je lui réponds : « Viens chercher à la maison ». Après ces joutes verbales bon enfant, nous passons aux choses sérieuses et découvrons avec horreur que le taux de change est très bas : 775 CFA pour une livre sterling. Nous décidons de changer une partie de notre argent à la banque et le reste au marché noir.

Nous reprenons le taxi pour aller à Akwa. Arrivés à un feu rouge, un nordiste victime de la lèpre, n'ayant qu'une main, mendie. Je me tourne vers mon mari et lui dit : « On lui donne 100 CFA ? ». Il acquiesce. Après avoir donné au lépreux cette pièce plus que généreuse, le nordiste s'approche de la vitre du chauffeur et du passager assis devant pour solliciter une nouvelle pièce. Le conducteur lui dit : « On t'a déjà donné. Qu'est-ce que tu cherches encore ? ». Ayant redémarré, le passager de devant s'exclame : « Ces gens-là, ils mendient et pourtant, je suis sûr qu'il a un billet de 5 000 CFA sur lui. Ils disent être pauvres et pourtant ils ne font que faire des enfants ! ». Je lui réponds que c'est sans doute son seul loisir et qu'il n'a probablement pas de télévision. Tout le monde se met à rire et le passager de devant nous quitte avec bonne humeur. Cette faculté des Camerounais d'avoir le visage si sérieux et de pouvoir se dérider en un instant m'a toujours ébahi.

Alors que notre taxi se gare sur l'accotement de la route en face d'Akwa Palace, un homme grand de taille et à la carrure imposante me fait un signe de la main en frottant les doigts, ce qui veut dire : « Vous voulez changer de l'argent ? ». Je baisse la tête en signe d'assentiment et nous sortons du véhicule. Je lui demande de nous mettre à l'écart pour discuter du taux de change. Il m'offre 800 CFA pour une livre sterling. Je lui dis qu'ici, ce n'est pas la BICEC, en d'autres termes, qu'il doit me donner un meilleur taux de change. Il me répond que le taux de change de la BICEC est de 775 CFA. Je vois qu'il connaît bien le marché. Je lui demande d'augmenter le taux. Il arrive à 810 CFA. Je lui dis qu'à 820 CFA, nous ferons affaire. Alors qu'il sort de son portefeuille toutes sorte d'unités monétaires, je change £ 300 et je lui dis de ne pas me donner de faux billets. Il me répond que je peux avoir confiance et me donne sa carte de visite : « Grand, stock-exchange, service immobilier » en me disant de repasser si j'ai besoin d'effectuer une autre transaction.

Avant de rentrer à la maison, je m'approche des « sauveteurs »[6] ou marchands ambulants comme on les appelle au Cameroun, et demande à une jeune fille si elle vend des cartes SIM. Nous insérons cette nouvelle carte dans mon portable acheté en Angleterre, mais il faut le débloquer pour 5 000 CFA plus 2 000 CFA pour la carte SIM. J'estime que le jeu en vaut la chandelle. Elle appelle son collègue qui prend mon portable et disparaît dans la foule de passants, pour se rendre dans un cyber café où il va le faire débloquer. Durant ce temps d'attente, j'interroge la vendeuse sur sa provenance régionale. Elle me dit être de Sangmélima. Elle s'étonne quand je lui dis bonjour en boulu et lorsque je parle bassa avec son ami. Décidément, cette blanche est bel et bien noire. Le jeune vendeur revient du cyber café avec mon portable débloqué. Il insère la nouvelle carte SIM et miracle de la technologie camerounaise, j'ai un nouveau numéro de téléphone et je vais avoir accès à tous mes amis du Cameroun. Je remercie infiniment mes nouveaux amis et nous prenons le chemin du retour chez Christine, car ma fille adoptive arrive à 14 heures.

Les premières paroles de Marie à mon encontre sont typiques de la joute verbale qui s'opère entre amis. « Bonjour Mère. Je suis fâchée contre toi. Tu ne m'écris pas ». Nous nous embrassons en riant et je lui réponds : « Est-ce que la fille gronde la mère ? C'est la mère qui doit gronder la fille !». Elle me dit alors : « Tu fais la taille.[7] Tu as perdu du poids ». Après avoir échangé des mondanités avec mon hôte, Marie et moi profitons qu'un membre de sa famille appelle Christine pour nous mettre à l'écart et parler de la situation de Marie. Elle m'avoue avoir passé des moments difficiles avec sa famille, sa mère et son beau-père qui lui disent : « Tu n'as pas encore accouché ? » et ses frères qui lui lancent qu'elle est une illettrée parce qu'elle s'est arrêtée au niveau du certificat d'études.

Marie est une belle jeune fille de 20 ans, grande et mince. Elle est la plus belle enfant de la famille et de ce fait attire la jalousie. Elle m'explique qu'elle en a assez d'être le bouc émissaire, d'être humiliée par ses frères et sœurs et par des parents qui la détestent. Parfois les choses se calment et elle espère des jours plus heureux, mais ces éclaircies dans les intempéries de sa vie sont peu nombreuses. Elle me dit être allée bien des fois au cyber café espérant un email venant de la lointaine Angleterre, de sa mère porteuse d'espoir. Je me sens coupable de ne pas lui avoir accordé plus d'attention alors que moi-même, j'avais des soucis de santé avec ma propre mère.

La filiation biologique en Afrique n'a pas la même importance qu'en Europe. Au Cameroun, on privilégie la mère qui vous a élevé ou qui a agi comme une mère et qui aide son enfant. Mon enfant est là devant moi qui verse son cœur. Comment puis-je y résister ? Mère franco anglo-camerounaise, que vas-tu faire pour ton enfant ?

Pour aider Marie, j'ai pensé à une formation de masseuse, connaissant une Camerounaise qui a fait ses études en Europe et qui est revenue s'installer au Cameroun. Je parle à Marie de cette femme qu'elle semble connaître, mais qu'elle n'apprécie pas. Comme je ne connais personne d'autre sur Douala qui est dans cette branche, je lui demande comment elle se débrouille avec la formation qu'elle a reçu en couture. Il s'avère qu'elle coud très bien, mais ne possédant pas de machine à coudre, elle doit se rendre dans un atelier de couture pour louer une machine à coudre pendant une journée, ce qui ne lui permet pas de faire un gros bénéfice. Je me renseigne auprès d'elle sur le prix d'une machine à coudre d'occasion, et nous nous mettons d'accord sur l'achat d'une machine de 70 000 CFA. Le visage de Marie s'illumine car elle sait que sa mère tient ses promesses. Marie semble beaucoup parler de moi à ses amies qui lui disent que vu son visage souriant, on ne s'imaginerait jamais qu'elle a tous ces problèmes domestiques. Elle me dit qu'elle est comme sa mère en Europe, qui sourit toujours, telle mère, telle fille. Je lui remets son cadeau, un fer à lisser les cheveux qui la fait bondir de joie, et un collier avec les boucles d'oreille assorties et 10 000 CFA. Nous nous séparons en nous promettant de nous appeler sur nos portables avant la fin de mon séjour, puisque nous ne restons pas longtemps à Douala.

    Nous dînons avec Gilbert le petit frère de Christine qui travaille au ministère des petites et moyennes entreprises au Cameroun. Je l'interroge sur le nombre de ces entreprises au Cameroun. Il me dit qu'il est difficile de les quantifier, car bon nombre d'entreprises vivent dans le maquis,[8] mais qu'il existe néanmoins des statistiques. La difficulté réside au niveau des démarches administratives pour créer une entreprise et les impôts prélevés. Nous comparons la situation de la vie des entreprises en France et en Angleterre. Christine m'explique que le modèle français a servi pour la création des entreprises camerounaises et que le Cameroun est le meilleur élève de la France. Décidément, l'influence de la colonisation est sans fin.

Vendredi 25 juillet 2008

Nous avons décidé de consacrer ce vendredi à la réception d'amis qui nous visitent chez Christine. En les attendant, je parle avec Léonie, la fille de Christine, de ses projets d'avenir. Elle me dit vouloir aller étudier au Japon ou dans un pays anglophone. Sa compréhension de l'anglais et son énonciation claire me révèlent que cette jeune adolescente de 15 ans est douée pour les langues. Elle apprend aussi l'espagnol. Je l'encourage à venir étudier en Angleterre, le coût de la vie étant moins élevé qu'au Japon, mais son père qui est chirurgien au Cameroun parviendra peut-être à financer ses études. Je pense que cela a été une grande déception pour Christine lorsque le père de son enfant a choisi de se marier avec une autre femme qui a été choisie par sa famille. En effet, quand on se marie au Cameroun, on épouse toute une famille. Fort heureusement, le père de Léonie paye toute sa scolarité et sans doute une pension alimentaire, autrement je ne vois pas comment Christine pourrait s'en sortir alors que la compagnie aérienne pour laquelle elle travaillait a fait faillite. Malgré ce revers de fortune, Christine a cette dignité qu'ont les Camerounais en toutes circonstances et qui a toujours attiré mon admiration.

Léonie me parle de son chat Léo qu'elle aimait tant. Il était très joueur et comme beaucoup de chats, il aimait sa liberté. Un jour de sortie, comme à l'accoutumée, des voisins mal intentionnés l'ont empoisonné. Christine et Léonie ont réussi à le sauver de justesse. Durant sa convalescence, Léo restait à la maison, mais une fois qu'il eut recouvré la santé, ses escapades reprirent de plus belle. Le sort s'acharna sur lui : Léo fut de nouveau empoisonné et son corps affaibli n'y survécut pas. Léonie me dit avoir eu beaucoup de chagrin à la mort de son chat. Les Camerounais ont généralement peu d'affection pour les animaux domestiques qui ont avant tout une fonction utilitaire. Mais bien sûr, il y a des exceptions.

Je lui dis alors avoir éprouvé beaucoup de chagrin à la mort de notre chien Duke. Léonie m'avoue qu'elle avait très peur de ce chien que nous avions alors que nous habitions Douala. Tout cela me rappelle bien des souvenirs. Nous avions fait l'acquisition de deux chiots, de la même portée, Duke et Samson. Notre maison était située à côté d'un champ immense, à la frontière des quartiers de Bonapriso et Ngangue. Un soir, nous avons entendu nos chiots qui gémissaient dans le jardin. Notre horreur fut grande lorsque nous nous sommes aperçus que notre chien Samson était mort étouffé par un python qui s'était enroulé autour de son corps et avait écrasé ses os fragiles. Mon mari s'était précipité avec une machette. Le python redressa la tête de manière menaçante, car il ne voulait pas abandonner sa proie, mais la machette fut la plus forte. En un clin d'œil, le python déroula ses anneaux et s'enfuit dans un effort de sauver sa peau luisante, mais la vue du corps raidi de notre pauvre Samson aiguisa la colère de mon mari qui le poursuivit dans le jardin et mit fin à ses jours. Malheureusement, Samson n'avait pas vécu à la hauteur de son nom. A la mort de son frère, Duke s'était davantage rapproché de son maître qu'il suivait comme son ombre. Lors de notre déménagement à Yaoundé, étant dans un environnement différent, il devint encore plus protecteur de son maître et de sa maîtresse. Nous l'emmenions souvent faire des promenades à l'extérieur de la maison. Un jour, notre gardien en quête de contact humain, décida d'aller promener le chien afin de pouvoir parler avec les autres gardiens des maisons environnantes. Il finit son tour avec la vendeuse de bananes située juste en face de notre maison. Le taxi s'arrêta en face de notre demeure pour me déposer dans cette route à la circulation dense. Duke a dû me voir et s'est précipité à ma rencontre, le collier est sorti de son cou. Je suis rentrée à la maison, fort heureusement sans voir la tragédie qui s'était abattue sur notre chien : une voiture l'a frappé de plein front et notre pauvre Duke n'y a pas survécu. Mon mari et moi étions inconsolables.

Quelques années plus tard, je vois à l'extérieur de la maison, dans l'herbe, une bête qui ressemblait à une grosse souris, maigre et sans poil, avec deux petites oreilles pointues. Alors que je m'approche, elle se cache dans l'herbe haute. Je fais des petits bruits pour l'appeler. Elle s'approche lentement et entre dans la cour de notre maison. Je m'attendris devant ce petit corps squelettique recouvert de croûtes et de cicatrices, à la colonne vertébrale protubérante. Ce pauvre chiot est dans un état lamentable. Je lui donne du lait chaud qu'il lape avidement, son regard plaintif m'en redemandant encore. J'ajoute un peu de lait et il me regarde avec reconnaissance. Je vais chercher une cuvette en plastique et je m'attelle à laver ce corps pleins de croûtes et de puces qui détallent à une vitesse vertigineuse au contact de l'eau. Après avoir séché ce corps attendrissant, je l'enduis d'huile d'olive pour hydrater cette peau prématurément ridée et craquelée comme une terre du Sahara. Cette petite chienne m'a déjà adoptée et joue avec mon gant en plastique. Quand mon mari la voit, il pense tout comme moi qu'elle ressemble à une souris. Il la prénomme Loulou. Le lendemain, nous l'emmenons au vétérinaire dont le diagnostic révèle la gale. Après lui avoir administré un vermifuge, il nous donne un liquide à mélanger avec de l'eau pour la laver et la soigner de sa gale. Loulou devient la mascotte de la maison. Elle connaît tout le voisinage et sait comment retrouver le chemin de la maison.

Je prends tous les renseignements nécessaires avant notre départ définitif pour l'Angleterre afin d'emmener Loulou en France tout d'abord, les lois sanitaires pour le transport des animaux étant plus souples. Son carnet de vaccination étant à jour, il n'y a pas d'inquiétude pour son transport. Malheureusement, un cas de rage déclaré en France une semaine avant notre départ a durci les lois sanitaires. Il faut maintenant faire un prélèvement sanguin montrant des anticorps contre la rage au moins six semaines avant le départ, ainsi que l'instauration d'une micro puce dans l'échine du chien. Mon cœur se déchire. Nous ne pouvons pas emmener Loulou. Nous la confions à des amis dont nous sommes sûrs qu'ils prendront soin d'elle. Petite chienne, sauras-tu un jour trouver le *Chemin d'Europe*[9] ?

Jean-Paul est le premier de nos amis à nous rendre visite ce jour-là. Nous sommes au beau milieu de notre petit-déjeuner, mais l'hospitalité africaine veut qu'il se joigne à nous. Il le fait de bon gré et nous passons en revue les bons moments que nous avons passé ensemble à Yaoundé. Jean-Paul se prépare à se rendre en Europe, mais c'est un secret. Sa famille, mon mari et moi sommes les seuls à connaître ses projets. Pour éviter toute tentative pour l'empêcher d'atteindre son but, Jean-Paul est venu à Douala attendre d'avoir son visa. La jalousie est un sentiment fort qui, lorsqu'il habite un corps, n'a aucune limite. Partir dans l'eldorado de l'Europe est projet convoité que toute personne jalouse fera tout pour faire échouer.

Cette parenthèse refermée, nous entendons la voix bien distincte de Lucien, notre deuxième visiteur, dont la silhouette élancée, à l'ossature anguleuse fait penser aux nordistes du Cameroun. En le mettant au monde, sa mère savait-elle qu'il irait un jour travailler à Touboro dans le nord du Cameroun, là où sa silhouette se fondrait dans le paysage aride comme le corps de ses habitants ? Lucien nous parle de ces contes extraordinaires qui sont racontés avec tant de fougue que la frontière la réalité et le fantastique s'y côtoient.

Notre conversation tourne autour des émeutes qui n'ont pas touché le nord du Cameroun, comme le dit Lucien « mais qu'on a regardé à la télévision ». Le facteur déclanchant serait d'une part la cherté de la vie, notamment des denrées alimentaires, et d'autre part, l'augmentation de l'essence qui a suscité la grève des conducteurs de taxi. Ce dernier commentaire fut par la suite corroboré par un autre ami, Janvier, qui nous précisa que toute personne utilisant son véhicule s'exposait à se le faire confisquer par les meneurs, qui l'incendiaient. Tout conducteur risquait d'être passé à tabac. Il nous dit avoir vu une longue queue devant une grande boulangerie à Akwa dont chaque client était rationné à un pain par personne. Notre ami Janvier résidant à Bonaberri se trouvait en plein bastion du quartier des rebelles lorsque les émeutes ont commencé.

Limbé
Samedi 26 juillet 2008

Un ami nous dépose à rond point Déido pour prendre les transports publics, afin de nous rendre dans la ville balnéaire de Limbé, nommée auparavant Victoria sous la colonisation britannique.

Nous avons le choix entre un minibus où tous les voyageurs sont entassés comme des sardines ou un taxi. Un gars nous demande : « Limbé ? » Nous acquiesçons et il nous dirige vers un taxi clando[10] de couleur bleue. Deux autres passagers sont déjà assis. Nous discutons avec vivacité du prix pour aller jusqu'à l'hôtel qu'un ami nous a recommandé. Une foule se forme autour de nous. Je dis mon dernier prix au chauffeur de taxi, le menaçant d'aller prendre le minibus s'il ne veut pas baisser son prix. Il accepte. Nous montons à bord de notre taxi de fortune.

La route à la surface dénivelée s'étend devant nous. La circulation est dense et nous avons tout le loisir d'observer le spectacle de la rue. Tout d'abord les vendeurs de fruits et de légumes où les oranges et le maïs sont vendus par tas selon la saison. Puis, les femmes qui braisent du poisson sur un barbecue de fortune en attisant les flammes avec une assiette. Des marchands de meubles ont leurs divans étalés sur un terrain vague. On se demande ce qu'ils font quand il commence à pleuvoir. D'ailleurs, comme nous sommes en saison des pluies, des parapluies sont vendus à 1 000 CFA. Des sauveteurs se baladent avec leur marchandise sur leur tête altière. Il s'agit de biscuits vendus à la pièce, de mets cuits dans des feuilles de bananiers ou de médicaments vendus au détail. Enfin, des vendeurs de kaolin ont leur marchandise étalée sur une petite table en bois. Cette roche minérale est particulièrement prisée par les femmes enceintes au Cameroun. En médecine traditionnelle, il est particulièrement connu pour son fort taux de calcium.

Nous traversons un marché où des tas de vêtements épars posés à terre font la joie des clients qui fouillent à la recherche du vêtement de leur rêve. Ce marché s'appelle la friperie. Ce sont des invendus de l'Europe ou des vêtements d'occasion arrivent par ballots et sont vendus à bas prix.

Des touffes d'herbe sur la route, à distance de quelques dix mètres l'une de l'autre, sont le signe d'un accident ou d'un véhicule en panne, l'équivalent organique du triangle de signalisation en Europe. Il s'agit d'un car abandonné au beau milieu de la route dont la roue manquante est le signe visible de la panne. Notre chauffeur de taxi clandestin est de Limbé. Nous savons que puisque nous sommes vers la fin du mois, les policiers surnommés les « mange-mille »[11], donnent des contraventions factices de 1 000 CFA aux infortunés voyageurs qui se sont fait arrêter pour un contrôle de routine. Nous nous demandons comment ce chauffeur clando va s'en sortir s'il est arrêté. Nous trouvons cinq patrouilles de police sur la route, disposées à intervalles réguliers. Nous nous livrons alors à notre jeu préféré : ne jamais croiser le regard des policiers sous peine de se faire arrêter. Et cette tactique marche. Lors de notre trajet d'une heure et demie, nous ne nous sommes pas fait arrêter une seule fois !

A l'approche de Limbé, je téléphone à l'hôtel qu'on nous avait recommandé et je leur demande s'ils ont une chambre de libre. Mon interlocutrice répond par l'affirmative. Cet hôtel supposé être un trois étoiles à été construit il y a quelques années. La façade est élégante et l'aire de réception imposante, mais nous découvrons rapidement que la réceptionniste n'est pas à la hauteur de cet hôtel qui se veut d'un certain standing. En effet, dès notre arrivée, elle nous annonce qu'ils n'ont pas de chambre standard, mais juste des chambres en suite et qui sont bien évidemment le double du prix normal. Nous lui demandons pourquoi elle nous a dit qu'il y avait des chambres de libre ? Elle nous répond que j'ai raccroché et qu'elle n'a pas eu le temps de continuer pour me parler des chambres en suite, car ils ont une soirée libanaise et toutes les autres chambres ont été réservées. Mon mari et moi insistons et finalement, on nous trouve une chambre standard à 25 000 CFA la nuit.

Nous arrivons dans cette chambre sommairement meublée dont la peinture écaillée est signe de moisissure. Une des réceptionnistes qui nous a accompagnés vérifie si l'électricité marche bien, ainsi que la télévision dont l'image bleue n'est pas bon signe. La réceptionniste nous assure que quelqu'un viendra la régler ou l'échanger contre une autre qui marche mieux, puisque mon mari souhaite regarder le demies finales de football.

Même si la chambre n'est pas du standing que nous attendions, nous sommes venus à Limbé avant tout pour sa plage volcanique, où la beauté de la forêt tropicale se marie à merveille avec cette mer à la puissance inégalée. La plage de sable noir parsemée de galets s'étend à perte de vue.

Notre longue promenade sur la plage nous a dégourdi les jambes et nous a mis en appétit. Nous nous dirigeons vers le restaurant de l'hôtel où le cuisinier hors pair propose des plats plus alléchants les uns que les autres. Nous optons pour du poulet avec des frites de plantain. La sauce à la tomate qui accompagne le poulet est vraiment délicieuse. Les Camerounais s'y connaissent en cuisine avec leurs nombreux plats régionaux, leur secret étant le mélange parfait des condiments.

De retour dans notre chambre, nous nous apercevons que personne n'est venu régler la télévision ! Le bruit et l'odeur inquiétants émanant de cet engin ne nous dit rien que vaille. Je me dirige vers la réception et explique le problème. On me dit qu'on va envoyer quelqu'un, mais je réponds « que j'ai déjà beaucoup attendu », expression bien connue au Cameroun quand on en a assez d'attendre.

Un grand car arrive. Il en débarquent les occupants des chambres réservées. Je reste plantée devant la réception, car je sais que ma présence silencieuse est le seul moyen de me faire entendre. Finalement, le gérant de l'hôtel décide de nous donner la télévision qui est à la réception. De retour dans la chambre, nous nous apercevons que le réglage du son ne marche pas, et donc que certaines chaînes sont à peine audibles. Cette fois, mon mari se joint à moi pour retourner à la réception. Il explique le problème au gérant de l'hôtel en lui disant qu'il souhaite voir le match de foot opposant l'Espagne à l'Italie. Les Camerounais étant de grands amateurs de football, mon mari a su tirer la bonne corde de la sonnette. Une des réceptionnistes est déléguée pour se rendre avec nous dans les quelques chambres inoccupées, en quête de la télévision parfaite, si elle existe ! Cela nous prend bien trois essais. Même si la réception de toutes les chaînes n'est pas parfaite, nous nous contentons de cela.

Entre temps, je souhaite utiliser l'internet, puisque c'est une des prestations proposées par l'hôtel. Le réceptionniste m'indique que c'est 1 000 CFA pour une heure de connexion et m'indique une salle avec un ordinateur. Je lui dis que je vais voir si cela marche et m'aperçois que l'ordinateur n'est pas installé, les fils non branchés en étant le signe indicateur. Le réceptionniste me répond que le technicien de service n'étant pas là, il n'y a rien qu'on puisse faire.

Pour le dîner, nous commandons un délicieux poisson au curry et au lait de coco. Les serveurs installent un écran géant où les clients peuvent regarder le match en toute quiétude. Quand je pense à tout le tralala que nous avons dû faire pour obtenir une télévision qui marche....N'étant pas grande amatrice de football, j'aurai au moins le mérite de pouvoir regarder une autre émission.

Une famille camerounaise s'installe à une table juste derrière la nôtre. Après avoir commandé des boissons, toute la famille se dirige vers le buffet, puisqu'ils ont choisi cette formule pour leur repas. Pendant qu'ils se servent, un type blanc à la grande carcasse puant le colonialisme s'approche de la table derrière nous. Il est accompagné d'une jeune camerounaise. Le serveur s'empresse de lui dire que la table est réservée. Alors, le client se met en colère et s'exclame : « Je veux ici ». Son français-camerounais et son teint basané sont l'indice qu'il est ici depuis de nombreuses années. Un autre couple les rejoint, dont un Français du même âge que le premier, la soixantaine environ, accompagné d'une jeune fille d'une vingtaine d'années, comme à l'accoutumée ici pour de nombreux colons. Je laisse mon mari regarder le match en toute quiétude.

A l'approche de ma chambre, je m'aperçois que mes voisins font un vacarme épouvantable. Il semblerait que des enfants y font une bataille de polochon. Je regarde un programme d'investigation policière pour masquer le bruit. Le match terminé, mon mari rentre et nous attendons avec impatience ce sommeil prometteur, la lumière éteinte, à l'abri de notre moustiquaire.

Malheureusement, le vacarme d'à côté continue et malgré mes boules en mousse dans les oreilles, je n'arrive pas à dormir. Je me dis qu'avec le temps, ils vont bien se calmer, mais les heures défilent et mon optimisme fait place à l'agacement. Je me lève et me rends en pyjama devant la porte de la chambre voisine. Je frappe fort. Soudainement, le vacarme s'arrête, mais pas de réponse à la porte. Je frappe de nouveau. La lumière s'éteint. Il règne un silence de mort. Visiblement, les enfants sont seuls. Soit les parents sont dans une autre chambre, soit ils sont partis en boîte de nuit. Je rentre dans notre chambre et m'engouffre dans un sommeil réparateur.

Limbé - Douala
Dimanche 27 juillet 2008

Avant de rentrer sur Douala, nous nous rendons une dernière fois à la plage. Après la pluie durant la nuit, la fraîcheur de la matinée ne m'invite guère à me baigner, mais mon mari, fervent amateur de natation se régale d'un dernier plongeon.

Je suis assise sous une tonnelle admirant la mer scintillante s'étendant à l'infini. Un jeune homme, l'un des gardiens de la plage, s'approche vers moi et me montre une noix de coco. Il m'offre gentiment de l'ouvrir afin que je puisse en boire le lait. Je le remercie de sa gentillesse et l'observe ouvrir avec expertise cette noix de coco avec une machette. Son lait rafraîchissant me procure un bien-être incroyable. Je lui donne une pièce de 500 CFA. Il me remercie en me disant que ses patrons ne doivent pas être au courant, sinon il serait renvoyé. Je le rassure et lui demande son nom. Max est originaire de Bamenda, donc nous communiquons en anglais.

Sa mère est décédée dans des circonstances tragiques alors qu'il avait quinze ans. Elle traversait une rivière à pied sur un petit pont de fortune, en portant un régime de plantain en équilibre sur la tête, comme à l'accoutumée en Afrique. Malheureusement, elle a perdu l'équilibre et la corde du régime de plantain qu'elle avait autour du cou l'a étranglée en tombant. Etant l'aîné de sa famille et ne pouvant subvenir aux besoins de ses trois sœurs et de ses deux frères, il a été hébergé par un parent de Limbé qui l'a pris chez lui et l'a envoyé poursuivre sa scolarité en échange de travaux ménagers. Mais après quelques années, son oncle l'informe qu'il ne peut plus continuer à payer ses études et que Max doit trouver un travail. C'est à ce moment qu'il postule pour un emploi de gardien de plage dans ce grand hôtel. Il y travaille depuis six mois et gagne 35 000 CFA[12] pour six jours de travail, y compris le week-end, n'ayant qu'un seul jour de congé durant la semaine.

Il loue une chambre à 10 000 CFA et doit payer en plus l'électricité. Il se plaint de ce loyer qu'il trouve excessif en comparaison de ce qu'il payait à Bamenda, moins de la moitié me dit-il. Avec le restant de son salaire, il doit se nourrir et payer la scolarité de ses frères et sœurs.

Nous rentrons à l'hôtel, et je vais à la réception pour redemander à utiliser l'internet. Cette fois-ci, le bureau du directeur est ouvert et à ma grande surprise on me permet d'y entrer en me disant de faire vite car l'électricité est coupée, et tout marche sur le générateur.

Pendant ce temps, un Européen demande à la réception d'utiliser l'internet, mais on lui répond que cela ne marche pas. Que me vaut ce traitement de faveur…. Suis-je toujours camerounaise ?

Après avoir rassemblé nos affaires et avoir dit au revoir à la réception, nous attendons au bord de la route notre chauffeur de taxi qui nous avait amené à l'allée et qui avait promis de venir nous chercher pour le retour. Nous attendons en vain. Nous l'avions pourtant appelé la veille pour confirmer notre départ. Je l'appelle de nouveau sans succès sur son portable, car je tombe toujours sur sa boîte vocale.

Nous décidons d'accoster tout taxi qui passerait sur notre chemin. Malheureusement, l'hôtel se situant dans un endroit reculé, peu de taxis passent par cet endroit, et il commence à pleuvoir. Un jeune Camerounais en chemise afritude[13] nous rejoint au bord de la route. Une voiture débouche du virage et le jeune entre dans cette petite voiture Toyota Corrola qui a déjà cinq passagers. Avec lui à l'avant, cela fait six. On nous demande si nous voulons monter à bord de ce taxi clando. Nous hésitons, le taxi étant déjà surchargé et est-il bien prudent de voyager avec de parfaits inconnus dans la jungle ? La pluie tombant de plus en plus fort, nous décidons de prendre le risque. Il y a trois personnes à l'avant, nous sommes quatre à l'arrière et un homme dans le coffre ouvert de cette petite Toyota. Nous rions tous de notre embargo de fortune.

Nous arrivons au centre de Limbé, à Batoké, où nous devons trouver un autre taxi qui part sur Douala. L'un d'entre eux lance à la criée : « Douala ! Douala ! ». Il semblerait que nous soyons abonnés aux taxis clandos, car le seul chauffeur qui se rend à Douala à ce moment-là est un taxi clando. Nous devons attendre quelques minutes que le taxi se remplisse, euphémisme pour sa surcharge avec ses trois passagers à l'avant et quatre à l'arrière. Je me demande comment nous allons bien pouvoir arriver à Douala sans nous faire arrêter par la police.

Nous sommes à la fin du mois de juin et les policiers sont en manque d'argent, puisqu'ils n'ont pas encore touché leur paye. Après avoir passé plusieurs barrages avec succès, ce qui devait arriver arriva : nous nous faisons arrêter par un policier qui fait signe à notre chauffeur de taxi de se garer sur l'accotement. Je me demande bien comment nous allons nous sortir de cette impasse, surtout avec nous, « les blancs », à l'arrière.

Le policier s'approche et regarde dans la voiture tous les passagers entassés comme des sardines. Puis il dit au chauffeur : « Tu transportes les blancs maintenant ? ». Le chauffeur ne répond pas et je m'empresse de répondre en souriant : « Bonjour chef. Nous rentrons sur Douala ». Le policier me regarde et dit au chauffeur : « Ils sont gentils hein », visiblement impressionné par mon respect. Il nous laisse partir sans dresser de contravention au chauffeur. Nous rions tous de soulagement, une camaraderie s'étant établie dans notre taxi de fortune.

En arrivant aux abords de Douala, une voiture freine brusquement devant nous. Nous évitons de justesse l'accident, notre taxi faisant une embardée à droite sur l'accotement, pour éviter un carambolage. Heureusement qu'il n'y avait pas de piétons ou d'arbres à cet endroit ! Je demande au chauffeur de taxi pourquoi il n'a pas freiné. Il nous répond que les freins de la voiture ne marchent pas ! Je remercie le ciel que nous soyons arrivés sains et saufs à Douala.

Ce soir, nous sommes invités chez Martin et Pauline à Ndogbon. Nos amis Christine et Lucien doivent nous y rejoindre et nous nous faisons une joie de nous retrouver tous ensemble une dernière fois avant notre départ pour Yaoundé. Martin qui a perdu son travail dans une grande entreprise à Douala a été obligé de quitter son logement de fonction à Koumassi. Fort heureusement, il avait acheté un lopin de terre à Ndogbon, à la périphérie de la ville, sur lequel il a fait construire une maison. Pauline est la seule à faire bouillir la marmite comme secrétaire de direction au ministère. Pauline ne nous a pas préparé des plats de son terroir dans l'ouest du Cameroun, plus précisément de Mbouda, comme le koki, un mets de haricots secs minuscules trempés la veille et écrasés le lendemain, auquel on a ajouté du piment et de l'huile de palme avant de le faire cuire dans des feuilles de bananier, comme Pauline sait si bien le faire. Elle a plutôt préparé la gastronomie du littoral : du ndolé,[14] du miando,[15] des frites de plantain, des prunes[16] et du port relevé d'une sauce épicée. Pauline a aussi gardé une bouteille de champagne qu'elle ouvre à la fin du repas.

La conversation tourne autour des Camerounais qui quittent leur pays clandestinement en quête d'une meilleure vie. Beaucoup meurent en route de noyade, et de nombreux autres sont refoulés à la frontière. Nous nous entretenons sur cette quête d'une nouvelle vie et Lucien nous parle d'une connaissance qui a quitté le village pour s'installer en ville. Nous passons en revue les avantages et les inconvénients de la vie à la ville comparée à celle du village. Pauline explique qu'au moins au village on peut se nourrir convenablement en cultivant une parcelle de terre, mais que la vie en ville est difficile. *Ville cruelle*,[17] n'as-tu pas changé depuis le roman d'Eza Boto ? Puisque les jeunes ne trouvent pas souvent l'emploi de leur rêve, ou même un emploi tout court à la ville, j'avoue ne pas bien comprendre cet acharnement à vouloir venir vivre en ville. Lucien m'éclaire sur ce point. Il dit : « Le peu qu'ils ont est toujours mieux que ce qu'ils avaient avant ». Je suppose que cela peu s'appliquer à tous les clandestins qui vivent en Europe.

Christine qui a séjourné de nombreuses années en France nous parle de sa vie, tout d'abord à Paris chez sa sœur qui l'a gardée pendant un temps et ensuite qui l'a envoyée chez son frère à Angoulême. Il n'y avait pas beaucoup d'Africains dans cette ville à cette époque, et tout le monde la regardait. Mais Christine avec son attitude stoïque et positive ne semblait nullement s'en inquiéter. Christine est pourtant rentrée définitivement au Cameroun depuis plus de quinze ans.

Je m'étonne d'entendre Martin appeler sa fille Annie, grand-mère. Il m'explique qu'Annie dit aux voisins qu'elle s'appelle Madeleine, préférant ce prénom à celui de sa naissance. Il est assez commun de donner aux enfants des surnoms comme Mabelle, Mignonne, mais pourquoi grand-mère ? Martin m'explique que sa mère, donc la grand-mère d'Annie s'appelle Madeleine.

Quand je regarde cette petite dernière, je me souviens de la tragédie qui avait affligé ce couple. Ils ont quatre autres enfants : Denise, l'aînée qui vit en France, Clémence en Allemagne, Julien qui est toujours chez ses parents et Barbara décédée 15 ans plus tôt. Nous habitions au Cameroun à cette époque et Barbara avait dix ans. C'était une enfant mignonne, mince et intelligente.

Malheureusement, les médecins lui avaient découvert une tumeur derrière l'œil. Afin d'avoir accès à cette tumeur, le chirurgien à Douala avait effectué l'ablation de l'œil. Malheureusement, la tumeur avait grandi et les séances de chimiothérapie n'avaient pas eu raison du cancer.

Je me souviens de cette petite étendue sur son lit à l'hôpital Laquintinine, comme certains l'appellent, le mouroir de Douala, condamnée et le sachant pertinemment. Je me souviens de sa dernière requête, telle une condamnée à mort, que je passe la nuit à son chevet, la nuit la plus difficile de ma vie, assise sur une chaise tenant la main de cette enfant qui s'interrogeait sur l'injustice de son sort. Il était difficile de retenir mes larmes devant cette enfant qui me confiait ses craintes face à la mort. Comme beaucoup de victimes du cancer, dans la journée qui s'ensuivit et qui était le prélude de sa mort, Barbara semblait avoir repris goût à la vie, mangeant même, alors que son corps chétif refusait toute nourriture depuis une semaine. Ce petit corps, dans un effort ultime, s'accrochait à la vie une dernière fois avant de s'éteindre, telle une flamme qui avait à peine vécu.

L'année qui suivit fut extrêmement dure pour ses parents, surtout pour Pauline qui après avoir perdu coup sur coup sa fille et son frère tomba dans une dépression comatique qui dura des mois avant qu'elle ne puisse s'en sortir. La venue d'Annie quelques années après le décès de Barbara fut une bénédiction pour ce couple. Bien sûr, elle ne remplacera jamais sa sœur, mais elle permit aux parents de focaliser leur attention sur un être vivant leur redonnant goût à la vie.

Notre soirée s'achève et Martin propose de nous raccompagner tous chez nous. Nous nous arrêtons en route pour prendre de l'essence, mais quelques cinq cents mètres plus loin, la voiture tombe en panne. Il est près de vingt-trois heures et nous nous demandons bien où nous allons trouver un mécanicien à cette heure-là.

Mon mari ouvre le coffre, mais sans outil, il est bien difficile d'identifier la panne, à part si on est du métier. Martin hésite à laisser sa voiture à l'approche de Deido. La rue est bien éclairée, mais des voleurs risquent de dérober les roues. Alors que nous devisons de la meilleure conduite à tenir dans cette situation, deux jeunes hommes nous demandent si nous avons besoin d'aide. L'un deux s'y connaît en mécanique et identifie avec un seul outil en main, un tournevis, qu'il s'agit d'un problème de charbon. Mais où allons-nous trouver du charbon à vingt-trois heures trente ? Fort heureusement, nos deux compères ne sont pas à court d'idées. Ils ont acheté une pile dans une boutique voisine, enlevé le charbon et l'ont mis dans le catalyseur de la voiture. Mon mari et moi pensons qu'il est impossible de réparer cette voiture avec seulement un tournevis et une pile. Mais au pays de la débrouille, les Camerounais n'ont pas fini de nous étonner. Non seulement la voiture a redémarré, mais elle marche mieux qu'avant, et le moteur du bolide a repris du poil de la bête. Nous rentrons vers minuit la tête pleine d'aventures.

Yaoundé
Lundi 28 juillet 2008

Notre ami Janvier nous conseille d'utiliser les services d'une nouvelle agence de voyage d'autocar pour nous rendre à Yaoundé, les accidents mortels sur la route étant nombreux. Cette nouvelle agence se trouve derrière l'hôtel Sawa et pour 6 000 CFA, nous sommes assurés de plus de sécurité, tout d'abord pour nos bagages qui sont étiquetés, et les sièges du car sont munis d'une ceinture de sécurité, une première au Cameroun.

Nous attendons dans une salle climatisée qu'on nous appelle pour monter à bord de l'autocar. Visiblement, ceux qui voyagent par cette agence ont quelques moyens financiers car ils sont mieux habillés que la majorité de la population.

Enfin, le moment du départ est arrivé. Je m'aperçois qu'il y a même la télévision à bord du car. Au cours de notre voyage, nous admirons la forêt touffue qui regorge d'une faune et d'une flore tropicale abondante.

Après une heure de trajet, le car s'arrête sur le bord de la route pour laisser aux voyageurs faire leurs besoins naturels. Un déjà vu bien réel se présente à mon esprit. Il y a bien des années de cela, lors d'un voyage de Yaoundé à Douala par une agence concurrente, nous nous sommes trouvés dans des embouteillages. Après une heure de trajet, une envie pressante me prit et j'ai donc demandé au chauffeur s'il serait possible de s'arrêter quelques instants. Le conducteur a attendu d'arriver en pleine jungle pour accéder à ma requête. Je suis descendue du car et me suis mise à l'abri des regards. Mais grande a été ma surprise de voir le car démarrer. Je me suis relevée en courant et gesticulant derrière le car qui prenait de la vitesse, me demandant bien ce que j'allais faire en pleine brousse, sans argent puisque mon sac était resté dans le car. Qu'allais-je faire ? Attendre qu'un autre car passe ? Tout à coup, j'ai vu le car s'arrêter au loin. Je me suis mise à courir pour le rattraper. La porte du car s'est ouverte et à mon entrée dans le car, tout le monde s'est mis à applaudir et un passager a lancé à la criée : « Eh la blanche, tu pensais qu'on allait t'abandonner ? ». Visiblement, le chauffeur était très content de sa blague. Je me suis assise rouge de honte.

Après ce flash-back, je ressens une certaine nervosité au fur et à mesure que nous approchons de Yaoundé, la ville où j'ai passé le plus de temps au Cameroun, soit six ans de ma vie. Mon angoisse fait place à des larmes qui coulent sur mes joues alors que je me remémore les bons moments passés à Yaoundé.

Le chauffeur nous conduit à notre destination : Officiers du Mess, derrière la poste centrale. Une dizaine de chauffeurs de taxi attendent à l'arrêt du car. Celui que nous choisissons est comme par hasard un taxi clando qui nous emmène dans le quartier d'Aviation. Je me fais une joie de revoir Damaris, une jeune fille de vingt-cinq ans qui me serre dans ses bras. Je lui avais demandé de s'occuper de louer un appartement pour nous, et fidèle au poste nous attendons le concierge qui va nous fait visiter deux appartements potentiels. Celui du rez-de-chaussée est meublé sommairement, donc nous optons pour celui du deuxième étage qui comporte en plus une grande terrasse et qui est bien entretenu.

Ce voyage nous ayant ouvert l'appétit, nous invitons Damaris à se joindre à nous. Après avoir trouvé un restaurant dans les environs où on sert du poulet ou du poisson yassa avec des frites de plantain ou de pommes de terre pour 2 000 CFA, nous nous installons à une table et après avoir demandé des nouvelles de la famille de Damaris, celle-ci nous parle de son fiancé Boris, qui est originaire de la même région qu'elle, l'ouest du Cameroun, à Bangangté et qui habite à Douala. Elle m'explique que l'approche de la famille sera faite en septembre et que la dot sera payée en novembre. Le mariage aura lieu fin janvier. Damaris me demande d'être sa marraine, une coutume au Cameroun lors du mariage comparable à la fille d'honneur en France, mais dont le rôle est beaucoup plus étendu puisque la marraine doit accompagner et conseiller la mariée toute la journée. Je suis très honorée de cette invitation, mais je ne peux m'engager à cent pour cent, car je ne sais pas si nous pouvons projeter un autre voyage au Cameroun l'année prochaine.

Je m'aperçois que Damaris a pris beaucoup d'assurance, ce qui me comble de joie. En effet, Damaris provient d'une famille modeste. Elle a deux sœurs et deux frères et a perdu son père très jeune. De ce fait, elle n'a pas pu aller à l'école très longtemps, la mère ayant favorisé la scolarité des garçons. Maman[18] Jacqueline, à la mort de son mari a dû trouver un emploi. Elle braise du poisson en ville sur le bord de la route et est bien connue par les hommes d'affaires dans les environs pour la qualité de son poisson. Fort heureusement, elle n'a pas à payer de loyer, son mari ayant bâti une maison dans l'infâme quartier de Ntaba, quartier bien connu pour son banditisme.

Maman Jacqueline est le principal soutien de famille, bien que ses enfants aient plus de vingt ans. N'ayant été à l'école que jusqu'au cours moyen premier année, il était difficile pour Damaris de rattraper son retard scolaire. J'étais vraiment préoccupée par le sort de cette jolie jeune fille très respectueuse et pleine d'égards pour autrui. J'ai demandé à une amie kinésithérapeute si elle pouvait la prendre en vue de la former en massage thérapeutique. Le prix de la formation étant élevé, nous avons négocié un prix abordable pour que la mère de Damaris puisse s'acquitter des frais de formation. Damaris est une élève assidue et elle a obtenu son diplôme haut la main. Elle travaille maintenant deux jours par semaine dans le cabinet de Françoise et a aussi ses propres clients. Lorsqu'elle sera mariée, Damaris pourra ouvrir son propre cabinet à Douala.

Le poisson, du bar yassa est vraiment délicieux. Nous demandons l'addition et avons la désagréable surprise de voir notre facture majorée de 500 CFA par personne, soit 1 500 francs de plus que prévu, ce qui n'est pas énorme pour nous, mais question de principe, nous demandons à voir la patronne qui nous explique que les poissons étaient les plus gros. Nous lui faisons remarquer que le prix convenu était 2 000 CFA et que nous n'avons pas demandé de gros poissons. Elle a finalement revu notre addition à la baisse.

Nous regagnons notre appartement avec Damaris, car j'ai une surprise pour elle. Je lui ai apporté une robe de mariée en soie ivoire rehaussée de motifs brillants avec une grande traîne. Damaris est ébahie. Son visage rayonnant me remplit de joie. Damaris appelle son fiancé pour lui annoncer la bonne nouvelle. Il n'en revient pas et me dit venir le lendemain à Yaoundé pour faire notre connaissance. Damaris m'explique qu'il a fini sa licence à l'université de Douala mais qu'il ne trouve pas de travail, non pas parce qu'il n'y a rien dans sa branche, mais lorsqu'il se présente pour un entretien, on ne veut pas l'employer parce qu'il est bamiléké. Le tribalisme est important au Cameroun, même s'il n'est pas la source de conflit armé, il empêche ses habitants d'avoir confiance les uns envers les autres. Il faut dire qu'on parle plus de deux cent cinquante langues au Cameroun, chaque ethnie ayant des plats régionaux et ses propres coutumes qui sont bien ancrées dans les habitudes. Damaris rentre chez elle avec sa robe de mariée et nous nous couchons après ce voyage rempli d'émotion.

Mardi 29 juillet 2008

Aujourd'hui, nous nous rendons dans le centre ville pour faire des emplettes. Au marché artisanal, j'aime particulièrement les objets en ébène, penseurs de Rodin et coupe-papier à la silhouette longiligne de femme. Je marchande et obtiens les coupe-papier à 1 000 CFA pièce. Puis, nous faisons les magasins indiens pour nous renseigner sur les prix d'une machine à coudre pour Marie. La moins chère après négociation est de 65 000 CFA, mais à pédale. On peut adapter un moteur électrique pour 10 000 CFA. J'enverrai l'argent à Marie pour qu'elle achète elle-même sa machine à Douala.

Puis, nous nous rendons à la BICEC pour changer nos livres sterling. Il y a une queue incroyable car les fonctionnaires sont venus percevoir leur paye. Fort heureusement, un de nos amis, conseiller financier à la BICEC nous renseigne. On ne change pas les livres sterling à la BICEC ou dans toute autre banque de Yaoundé. Il faut se rendre au Hilton qui a un bureau de change ou au marché noir à la Briquetterie, mais à nos risques et périls car c'est le quartier du banditisme. Nous décidons qu'il vaudrait mieux se rendre au Hilton, mais tout d'abord, puisque la BICEC change les travellers chèques en euros, nous décidons de faire tout d'abord cette transaction. A notre grande horreur, une affiche signale que pour changer des travellers chèques, il faut avoir un compte à la BICEC et une photocopie du passeport. Nous nous renseignons auprès de notre ami qui nous rassure. Le compte n'est pas obligatoire du moment que nous avons les talons des travellers chèques.

Il y a deux personnes devant nous au change et l'employée n'est pas très aimable. Elle fait la moue et renseigne à peine un homme âgé qui a des difficultés pour remplir le formulaire qui lui permettra de changer son billet de cent euros en francs CFA. Notre tour arrive. Après avoir indiqué que nous aimerions changer nos travellers chèques en euros puisque je me rends en France après notre voyage au Cameroun, nous remplissons le formulaire adéquat et après avoir contre signé les travellers chèques, nous avons l'énorme surprise de nous voir remettre des francs CFA ! On nous dit : « Nous n'avons que des francs CFA », alors que nous avions bien précisé que nous voulions des euros, et que nous savons que le client précédant leur en avait fourni !

Direction Hilton ! Malheureusement, une pluie diluvienne nous attrape à la sortie de la BICEC, et malgré notre large parapluie, si nous ne nous abritons pas, nous allons être trempés des pieds à la tête. Une foule de badauds s'est rassemblée à l'abri et nous nous mêlons à la foule. Nous devons bien attendre trente minutes avant de nous mettre en route. Après avoir effectué nos transactions monétaires au bureau de change du Hilton, où plutôt un petit magasin de vêtements avec un bureau où on fait le change, nous avons donné rendez-vous à Gabrielle à la clinique vétérinaire.

Gabrielle est une jeune fille d'une vingtaine d'année qui a fait une licence d'anglais et que j'ai aidée à se lancer dans la traduction. Gabrielle m'a été d'une aide très précieuse pour remplir toutes les formalités afin de rapatrier mon chien. Tout d'abord, il a fallu lui mettre une puce électronique d'identification, faire tous les rappels des vaccins dont celui de la rage, puis envoyer un prélèvement sanguin dans un laboratoire d'analyse en France.

Toutes ces démarches ont été faites plusieurs mois auparavant, mais nous n'avons toujours pas reçu le résultat de la prise de sang.

Nous arrivons un peu en avance à la clinique vétérinaire et attendons Gabrielle. Dès qu'elle arrive, je remarque sa mine resplendissante. Il faut dire que Gabrielle est fiancée et qu'elle coule le parfait amour. L'assistante vétérinaire nous informe que le résultat du prélèvement sanguin n'est toujours pas arrivé. Je demande des explications. Elle nous dit que quelquefois le résultat des prélèvements prend beaucoup plus de temps que prévu, que d'autres fois le prélèvement peut se perdre ou il est à refaire. Je lui dis alors que tout cela n'est pas sérieux et que si le prélèvement s'est perdu, je ne crois pas que ce soit du côté de la France et que c'est la réputation de leur clinique qui est en jeu. Je lui demande de contacter la vétérinaire à qui appartient le cabinet et de se renseigner de ce qu'il convient de faire. Je lui laisse mon numéro de portable et lui dis que j'attends de leurs nouvelles. Gabrielle, mon mari et moi quittons la clinique vétérinaire et nous nous donnons rendez-vous le lendemain chez Gabrielle qui nous a invités à déjeuner avec ses parents et son fiancé.

Je reçois en moins d'une heure un coup de téléphone de la clinique vétérinaire qui me dit avoir reçu le résultat du prélèvement sanguin et que tout est en ordre. Il me reste seulement à venir chercher le certificat de bonne santé du chien, document indispensable pour le voyage. Nous promettons de repasser le lendemain et nous rentrons à la maison. Nous avons promis de passer voir notre ami Antoine et sa famille qui nous reçoivent comme des rois. Nous mangeons du poisson braisé, du bœuf en sauce, du bibolo[19] et du macabo.[20] Comme dessert du corossol.[21] Antoine et Catherine sont mariés depuis de nombreuses années. Ils ont cinq enfants dont la petite dernière qui a presque trois ans et qu'ils ont appelé par mon prénom. Nous disons selon le terme camerounais que nous sommes « bombos », c'est-à-dire des homonymes. Antoine travaille dans un centre de radiographie et d'analyse de sang. Malheureusement, le cabinet a dû fermer car le propriétaire avait falsifié les résultats de tests VIH et certaines personnes avaient émigré aux Etats-Unis avec le SIDA. Le pot aux roses fut découvert et l'affaire s'est ébruitée.

Antoine et Catherine sont originaires de l'ouest du Cameroun. Antoine provient d'une grande famille dont son père polygame était le chef du village. Après le décès de son père, Antoine était le prochain en ligne pour devenir chef du village et être « attrapé » selon la formule consacrée, devant épouser toutes les femmes du chef précédent. Etant monogame, Antoine a refusé de devenir chef et lors de l'enterrement, les membres de sa famille le cherchaient partout pour le tuer car il s'était dérobé à ses obligations familiales. S'il avait accepté la tradition, il devait alors être emmené dans la forêt sacrée où il serait marié à huit femmes. Antoine nous explique que de nombreux rites spirites ont lieu lors de ces cérémonies, notamment des sacrifices d'enfants. Bien sûr, les enfants ne sont pas immolés sur un autel, mais ils meurent mystérieusement lors de la cérémonie d'intronisation du nouveau chef de village. Lorsque finalement un des frères d'Antoine a été choisi, deux bébés seraient morts lors de la cérémonie.

Catherine nous relate alors la naissance de sa petite dernière, Bombo Laurence. Catherine avait fait une rupture utérine. Lors de l'accouchement, on avait laissé son bébé pour mort. Catherine faisait une hémorragie. Fort heureusement, une infirmière qui passait par là a vu le bébé, en eut pitié et le ranima. Quand on voit cette petite de trois ans, pleine de vie, on a peine à croire qu'elle est passée à deux doigts de la mort. Ses parents me disent vouloir l'inscrire dans une école anglophone. Cette enfant portant mon nom, je me dois de m'occuper de sa scolarité.

De retour à la maison, Damaris me rejoint et m'invite à me faire un massage pour me montrer combien elle a progressé dans sa formation. Je me prête volontiers à cet interlude relaxant. Damaris utilise du beurre de karité et des huiles essentielles. Son massage profond commence. Elle semble bien savoir trouver tous les points de tension. Je suis très fière d'elle. Au moins, elle a un métier en main très valorisant et son excellent contact avec les patients rend l'expérience un moment privilégié.

Mon portable sonne. Le téléphone arabe ou radio trottoir comme on l'appelle ici fonctionne à merveille. Une amie qui a déménagé à Sangmélima nous appelle pour nous dire qu'elle et son mari vont venir passer quelques jours à Yaoundé et nous attendons de les revoir avec impatience.

Nos amis Karine et Justin ont promis de passer nous voir en soirée. Karine a apporté du Sanga, un met camerounais composé de feuilles de manioc coupées finement et cuites dans une sauce à la noix de palmiste dans laquelle on a égrainé des grains de maïs. Nous la remercions profusément de son geste généreux, d'autant plus que nous savons combien la vie est devenue chère au Cameroun. Certaines denrées alimentaires comme le riz ont doublé en quelques mois, le prix des transports publics est passé de cent cinquante à deux cents francs CFA. Fort heureusement, Karine et Justin ont eu la sagesse d'acheter un lopin de terre avant la crise actuelle sur lequel ils ont construit une maison. De ce fait, n'ayant pas de loyer à payer, c'est une charge en moins. Ils ont deux enfants : une fille de cinq ans à laquelle ils ont donné mon nom, et un garçon de trois ans qui porte le prénom de mon mari.

Auparavant, Karine a eu trois enfants d'un premier mariage, mais après son divorce et son remariage avec Justin, elle m'a annoncé quand elle est de nouveau tombée enceinte et qu'elle souhaitait donner mon nom et mon prénom à son enfant.

En effet, en Afrique c'est une honte pour une femme de ne pas avoir d'enfants. De ce fait, Karine m'a attribué un enfant à moi qui n'en ai pas. Quelle attention touchante ! Nous donnons à cette enfant une poupée Barbie et à son frère une collection de petites voitures. Le père de l'enfant s'exclame : « C'est tout un garage ! ». En « mère » digne, je m'inquiète de la scolarité de Laurence. On me dit qu'elle est la première de sa classe et que son petit frère commence l'école maternelle à la rentrée prochaine. Je remarque que le garçon a les jambes arquées, sans doute le rachitisme. Ce problème est assez courant chez les jeunes enfants au Cameroun. Nous passons une soirée agréable en leur compagnie et nous couchons vers dix heures trente. Malheureusement, vers onze heures, une musique forte retentit dans tout le voisinage et ce jusqu'à cinq heures du matin. Nul besoin de préciser que nous n'avons pratiquement pas fermé l'œil de la nuit. Les mariés ont voulu faire partager leur joie dans tout le quartier...

Mercredi 30 juillet 2008

Maman Antoinette frappe à notre appartement à sept heures trente pour nous apporter notre petit déjeuner composé de maïs frais bouilli, de pain et de deux énormes avocats. Nous la remercions grandement pour sa générosité. Elle a dû se lever à l'aube pour faire cuire le maïs. Ce qui nous touche le plus, c'est de voir le bon cœur des autochtones qui n'ont pourtant pas grand-chose à offrir, mais qui partagent tout ce qu'ils ont. Maman Antoinette est veuve et vit de la location de plusieurs maisons et du fruit de son champ.

Nous nous préparons pour recevoir nos amies Damaris et Rachel. Je suis frappée par leur mine peu réjouie. Que se passe-t-il ? Damaris va bientôt se marier et quelques jours auparavant elle avait l'air de bien aller. Je les interroge sur leur manque d'enthousiasme et elles me disent qu'elles ne se sentent pas bien. Je sais que les crises de paludisme peuvent venir à tout moment, en ayant fait les frais moi-même quelques années auparavant. Mais comme on dit au Cameroun : « patience ». Je dois attendre pour savoir ce qui se passe. On ne doit jamais forcer la conversation. Les conversations les plus importantes prennent du temps.

La sonnette retentit de nouveau, et notre amie commune Florence entre. Les premières paroles de Florence à mon égard sont les suivantes : « Tu as rajeuni. Ta peau est fraîche ». Alors me reviennent à l'esprit les paroles de Ferdinand Oyono dans *Une vie de boy*[22] qui explique que le vieillissement des Européens se ralentit quand ils reviennent en Europe, les conditions climatiques de l'Afrique étant peu propices à leur peau fragile. Florence est esthéticienne et je me remémore les nombreux soins qu'elle m'a prodigués quand j'habitais en Afrique. Elle me dit que vu la conjoncture économique, le cabinet d'esthétique reçoit moins de clients. Sa patronne ne la paye pas tous les mois. Fort heureusement, elle a ses clients privés.

La conversation se poursuit et j'apprends que le gouvernement a donné huit jours aux habitants des quartiers de Ntaba et Eligezoa pour déménager. En effet, le gouvernement veut raser le quartier et construire une route et des jardins publics. Tout d'abord, le gouvernement avait donné soixante-douze heures à la population pour faire ses bagages, mais le chef de quartier a négocié huit jours.

Certains habitants avaient acheté un lopin de terre et avaient construit leur propre maison comme la maman de Damaris et le frère de Rachel. Mais cela ne pèse pas dans la balance, le titre foncier étant soit officieux, soit inexistant. Vu la conjoncture économique et puisqu'il n'est pas question de relocaliser la population, les familles vont être éparpillées. Damaris me dit que sa mère qui braise le poisson en ville va sans doute repartir chez sa mère au village, dans la maison familiale.

Damaris pense demander à sa sœur Nadia qui habite à Etoudi si elle peut habiter chez elle, mais c'est loin de son lieu de travail. En comptant l'argent des transports publics, parfois cela ne vaut pas la peine de se déplacer. Une autre possibilité se présente à elle : habiter chez une amie qui loge avec son frère. Damaris a au moins la chance de savoir que cette situation est temporaire puisqu'elle va se marier en janvier. Mais que va-t-il se passer pour Rachel et sa fille qui habitent avec son frère ?

Je me souviens de Rachel quand elle avait quinze ans. Elle avait quitté le village de ses parents pour aller habiter chez son frère à la ville. Son frère lui payait ses études. Rachel a commencé à développer des amitiés avec les jeunes garçons de son quartier. Elle s'est retrouvée enceinte très jeune. Je me souviens du jour où elle est venue me voir en pleurs parce qu'elle venait d'annoncer à son frère qu'elle était enceinte et qu'il l'avait mise à la porte. Elle ne savait où aller. J'ai acheté quelques effets pour son bébé à naître et lui ai donné de l'argent pour rentrer au village dans la maison familiale. Je lui ai dis que j'étais sûre que sa mère ne pouvait pas la mettre à la porte. Elle eut son bébé. Avec le temps, la colère de son frère s'étant adoucie, elle a pu revenir chez lui. Et maintenant, que va-t-elle devenir, sans emploi, alors que la ville va détruire la maison de son frère, ayant inscrit sur celle-ci AD ou « à détruire » avec une croix rouge ?

Nous prenons le taxi avec Damaris pour nous rendre chez Gabrielle puisqu'elles habitent non loin l'une de l'autre. Arrivée à Etoa Meki, vais-je me rappeler comment me diriger chez elle parmi les nombreuses pistes sinueuses de ce quartier populeux ? Je n'ai pas oublié, même en quatre ans. Comment le pourrais-je, amis camerounais chers à mon cœur ?

Les parents de Gabrielle ainsi que son fiancé nous accueillent avec chaleur. Ils se sont rappelés que j'aime beaucoup le folong sauté, un genre d'épinards sautés avec de la tomate, des aromates et du poisson accompagné de frites de plantain et de bâtons de manioc. C'est vraiment un repas succulent. La conversation tourne autour de leur projet de mariage. Gabrielle me demande si je voudrais bien devenir sa marraine lors de son mariage. Je la remercie infiniment de cet insigne honneur. C'est le premier enfant de la famille à se marier. Il faut dire que ses parents ont vécu des moments difficiles, la plupart des enfants ayant la drépanocytose. Ils en ont déjà perdu trois, un garçon et deux filles.

Cette histoire me rappelle la façon dont Gabrielle a hérité de sa double identité. Elle n'est pas connue sous ce nom par la majorité de ses connaissances. Elle s'appelle en fait Rachelle. Que lui vaut ce changement non seulement de prénom, mais aussi de date de naissance ? Elle m'a expliqué que peu de temps après le décès de sa sœur aînée, elle avait perdu sa carte d'identité, document indispensable au Cameroun si on ne veut pas se retrouver en prison. Ses parents lui ont donc demandé de prendre l'identité de sa sœur décédée, prétextant qu'ils n'avaient pas d'argent pour lui faire refaire une carte d'identité. Rachelle, la sœur aînée était la favorite de ses parents. Gabrielle a donc fait toutes ses années universitaires sous le nom de sa sœur, l'immortalisant à jamais. Mais qui va vraiment se marier : Gabrielle ou Rachelle ? Je dois dire que je me suis moi-même prêtée à ce jeu lorsque je lui ai envoyé de l'argent par l'intermédiaire de Western Union. Sachant qu'elle utilise la carte d'identité de sa sœur, j'ai donc envoyé de l'argent à la défunte…

Après le repas, Gabrielle et son fiancé nous emmènent boire un verre dans le centre ville. Gabrielle m'explique qu'elle a perdu son emploi comme traductrice au ministère. En effet, lors d'un remaniement ministériel, le nouveau ministre a choisi les personnes faisant parti de son entourage et les autres ont été congédiées. Malheureusement, Gabrielle fut du lot.

Le centre ville a énormément changé : de nombreux bâtiments modernes ont été nouvellement construits, ainsi qu'un parc magnifique avec des ponts japonais où de nombreux amoureux se baladent. La différence entre Douala et Yaoundé devient de plus en plus frappante. Douala est une ville animée, au dynamisme économique remarquable. On s'y sent à l'aise malgré la moiteur ambiante. Les Européens y sont bien intégrés, le commerce étant l'activité principale.

Yaoundé est la ville politique où tout le monde est très bien habillé, les hommes privilégiant le costume et les chaussures cirées, signe d'opulence. Le paraître est très important dans cette ville. La terre rouge dégageant une poussière intense à la saison sèche, toute personne se respectant a dans sa poche ou dans son sac une petite éponge pour enlever la poussière de ses chaussures, la poussière étant le signe visible que l'on habite dans un quartier populeux non goudronné, donc synonyme de pauvreté. Posséder une voiture et un portable est très important à Yaoundé. Ils sont tous les deux des signes de réussite externe, même si on loue une maison plus que modeste. La vie à Yaoundé est chère. Les sauveteurs ou marchands ambulants se plaignent qu'ils ne font pratiquement pas de bénéfices, peut-être 400 CFA par jour, à peine de quoi se nourrir. Nous prenons un verre dans le somptueux café au cœur du parc avant de dire au revoir à nos deux tourtereaux, car nous avons rendez-vous chez David et Eliane qui travaillent dans l'import-export.

Nous arrivons sur le lieu de travail de nos amis qui sont sans doute parmi les plus aisés de nos connaissances à Yaoundé. Un homme en jogging entre dans le bureau de nos amis qui nous offrent l'apéritif. Cet homme discret a l'air sympathique. Il ne parle pas beaucoup et malgré son apparence décontractée, il semble avoir beaucoup de dignité. Je me demande bien quels sont ses liens avec l'élégant David. Mais comme toujours, il faut savoir attendre et notre patience est salvatrice. Nous apprenons que notre homme en tenue décontractée est un membre du gouvernement dont l'épouse est une admiratrice d'un ancien Président de la République française. Lors d'une visite gouvernementale à Paris, cet ancien président lui a donné sa carte de visite avec un mot pour sa femme qui a été comblée de joie de cet insigne honneur. A Yaoundé, il est vraiment important de savoir tenir sa langue, car on ne sait jamais à qui on a vraiment affaire…

David et Eliane nous emmènent chez eux où nous devons dîner. Alors que nous arrivons prêt de chez eux, je me sens angoissée car je vais revoir ma chienne après presque quatre ans de séparation. Va-t-elle me reconnaître ? Ai-je bien fait d'organiser son rapatriement en France ? Ne serait-elle pas plus heureuse si elle restait au Cameroun ? Toutes ces questions me tournent dans la tête et la minute de vérité arrive à grands pas. David et Eliane ouvrent la porte et un premier chien s'avance vers nous en aboyant. Ce chien a la même tête que Loulou, mais son pelage est différent. Ce n'est pas elle. Je vois alors un autre chien couché sous le hangar. Je l'appelle. Loulou s'approche, renifle mes mains et en dix secondes elle me reconnaît et me fait une fête incroyable. Elle m'aurait reconnue dans le noir. Notre complicité est restée intacte. Je me sens soulagée. Tous mes efforts ne sont pas en vain.

Eliane me dit alors que Loulou a mis bas et a eu deux chiots, dont celui qui s'est approché en premier. Le second chiot a été donné à un voisin.

Nous entrons dans la maison, et les trois enfants de David et Eliane nous accueillent très poliment. Le respect pour les adultes est toujours très important au Cameroun. Le fils cadet de nos hôtes semble s'être attaché à Loulou. Il me dit que c'est le premier chien du quartier à prendre le chemin de l'Europe, les Européens ayant des chiens pédigrés qui viennent d'Europe et repartent avec eux lors de leur départ définitif. Fort heureusement, Eric a deux petits chatons qui l'occuperont beaucoup. Je me demande ce que pensent mes hôtes de ma démarche de ramener mon chien avec moi. Au Cameroun, les animaux ont avant tout une fonction utilitaire. Un chien est là pour monter la garde, un point c'est tout !

Nous passons à table dans l'immense salle à manger de nos amis, aux piliers magnifiques. La table est décorée avec soin et les plats se succèdent, plus succulents les uns que les autres. David est un fervent amateur des films de Louis de Funès et il adore les blagues. Nous passons un excellent moment en leur compagnie, mais il se fait tard et nous devons rentrer. Une amie qui était aussi invitée à dîner nous ramène à la maison. Mais auparavant, nous nous sommes entendus avec David afin qu'il nous emmène à l'aéroport le jour J.

Jeudi 31 juillet 2008

Dans la matinée, j'ai décidé d'aller à la friperie au marché de Mocolo avec Damaris. La friperie au Cameroun est un moyen de s'habiller à peu de frais. Des vêtements et des chaussures d'occasion en provenance de l'Europe ainsi que des articles neufs invendus sont envoyés par ballot en Afrique. Au port, ces ballots sont achetés et revendus dans les marchés. Très souvent, ce sont les hommes qui font ce genre de métier, peut-être à cause du travail manuel intense qu'il occasionne. En effet, il faut transporter ces ballots lourds jusqu'au marché, les installer à terre, et à la fin du marché repartir avec, dans les transports publics, alors que les plus fortunés les stockent dans un hangar.

Damaris et moi nous rendons au marché par le transport public, les taxis jaunes. A l'approche du marché, la foule est dense et nous voyons un nuage de parasols tricolores qui protègent les vendeurs de la chaleur cuisante du soleil africain. Nous nous dirigeons vers la section vêtements et voyons les premiers ballots étendus à terre, alors que les marchands crient à la volée : « Vêtements de premier choix ! », « Achetez les invendus de l'Europe ! ».

Les vêtements sont classés par catégorie : vêtements homme, vêtements femme, et par sous catégories : jupes, robes, pantalons, chemisiers, chemises et ainsi de suite. Il suffit de se baisser et de fouiller à terre. Certains vendeurs aident les clients en retournant chaque article du ballot ou en vous présentant leurs meilleurs articles.

Ma première constatation est que les prix ont augmenté, voire doublé. Un tee-shirt qui était vendu 500 CFA est vendu pour 1 000 CFA. Mais on peut toujours marchander, surtout si on achète plusieurs articles. Je fixe mon choix sur une jupe plissée en voile violet pour 700 CFA, une veste grise pour 1 000 CFA et un haut brodé fushia pour 700 CFA. Puis je trouve des babouches ou sandales en lurex or, pour 1 000 CFA.

Très heureuse de mes acquisitions, mais fatiguée de ce mélange de soleil intense et d'excitation, je retourne à la maison pour déjeuner et pour me reposer car l'après-midi s'annonce chargée.

En effet, je dois rencontrer un petit groupe de poètes et de dramaturges avec lesquels je souhaite discuter de l'évolution de la poésie et du théâtre au Cameroun. J'ai rendez-vous avec un poète qui a organisé la rencontre dans un café de Bastos. Je m'attends à recevoir un petit groupe de cinq ou six personnes, mais grande est ma surprise quand le groupe s'agrandit de minute en minute, si bien que nous sommes une vingtaine de personnes en tout ! Je me demande bien comment la discussion va se dérouler. J'ai prévu des boissons et un en-cas pour chaque participant, mais il faut prendre commande selon les goûts de chacun.

La composition de notre groupe étant avant tout masculine, je me vois mal dans cette société patriarcale prendre les rennes de notre session. Je me penche donc vers mon ami poète et lui demande de présider la session en lui précisant que j'interviendrai de temps en temps si je souhaite un éclaircissement, ou si je désire poser une question supplémentaire, puisque j'avais soumis auparavant un questionnaire composé de cinq questions portant sur les thèmes abordés dans la poésie et la dramaturgie au Cameroun, les grands noms de la poésie et de la dramaturgie au Cameroun ainsi que son évolution. Mon ami le poète désigne le secrétaire de son association pour lire les questions, et je demande à mon mari d'accueillir les visiteurs et de leur demander ce qu'ils souhaiteraient boire ainsi que la composition de leur en-cas. Cette stratégie s'avère d'une grande sagesse.

Après avoir introduit la session, mon ami le poète me demande de dire quelques mots pour me présenter, ce que je fais en précisant que je suis très heureuse d'être parmi eux et d'avoir une conversation entre intellectuels. Après ce bref commentaire, le secrétaire pose la première question de l'ordre du jour. Je suis impressionnée par le respect que manifestent les participants, ne se coupant pas la parole, même si certains commentaires tirent en longueur.

A l'occasion, je demande quelques éclaircissements sur certains points soulevés, et mes acolytes se prêtent gentiment à ce protocole. Notre réunion dure en tout quatre heures, mais je peux dire que je n'ai pas vu le temps passer. Au terme de notre rencontre, chacun a su retirer des bienfaits de ce moment magique. De mon côté, j'ai élargi mes connaissances des tendances dans la poésie et la dramaturgie camerounaises. De leur côté, cette réunion fut le catalyseur de rencontres organisées tout particulièrement dans le domaine de la dramaturgie puisqu'il existe déjà un cercle très actif des poètes au Cameroun.

Après notre rencontre culturelle, nous avons été invités à assister à la répétition d'une pièce de théâtre camerounaise au Centre culturel français. En effet, je pensais que cette pièce avait lieu quelques jours auparavant, mais m'étant trompée de jour et ne pouvant assister à la représentation unique qui doit avoir lieu le soir de notre départ, j'ai obtenu le numéro de portable du metteur en scène et il m'a permis d'assister à la répétition de la représentation théâtrale. C'est la première pièce à laquelle j'assiste au Cameroun. Il s'agit d'une pièce moderne, puisque se situant au vingt et unième siècle. Le décor est très sobre se composant de quelques objets : un tabouret en bois, un tapis, un bar et la pièce met quatre comédiens en scène. Les thèmes abordés tournent autour de la cherté de la vie, du jeu, des relations et de l'opposition entre hommes et femmes, blancs/noirs/antillais et les stéréotypes des blancs avec leurs manières affectées. J'ai trouvé cette pièce très réaliste et bien jouée. Je n'en suis nullement surprise, les Camerounais en général étant des acteurs nés.

Nous proposons à Gabrielle de passer le restant de la soirée avec nous. Nous rentrons donc tous ensemble dans le quartier d'Aviation en taxi. Arrivés à destination, nous allons dans une petite guinguette et commandons du poisson avec des frites de plantain à emporter ainsi que de la sauce tomate. Une fois tous nos plats emballés, nous prenons tous les trois le chemin de notre appartement pour manger ensemble et regarder la télévision câblée.

Vendredi 1 août 2008

C'est notre dernier jour à Yaoundé. Je dois confirmer notre départ et m'occuper de faire un billet de transport pour notre chien. Je prends le taxi pour Air France Bastos. Mais d'Aviation, la circulation est dense ce matin. Moi qui voulais arriver juste à l'heure d'ouverture pour ne pas avoir à faire la queue, je vais malheureusement devoir attendre. Enfin, j'arrive devant les bureaux d'Air France.

Il y a déjà pas mal de monde. Je prends un ticket et m'assois, attendant mon tour. Malgré ce système de queue qui se veut uniforme avec les bureaux d'Air France en Europe, deux fonctionnaires passent avant tout le monde. Ils arrivent dans l'agence avec un air de suffisance, impeccablement habillés en costume cravate avec des chaussures noires reluisantes et sans un gramme de poussière. Ils avancent dans le bureau en pays conquis, et ne se doutent même pas qu'ils sont une réplique des modèles coloniaux pour lesquels passe-droit et cette attitude de supériorité sont de mises.

Un des hommes en costume attire l'attention d'une des femmes préposées aux billets. Elle dit au gardien de l'agence : « Appelez-moi le Monsieur là-bas. J'ai besoin de lui ». Bien sûr, c'est un moyen détourné de l'aider, puisqu'elle le fait passer avant tout le monde et lui tend son billet d'avion.

Puis, un policier en uniforme va carrément à un guichet sans ticket numéroté. Il parle dans la langue locale avec une des employées, retire son billet d'avion et quitte l'agence d'un pas guilleret. Nous, les autres clients peu fortunés, nous nous regardons tous d'un sourire entendu devant ces passe-droit flagrants.

Un panneau ironique, mis bien en évidence affiche : « Gagnez du temps. E-service. Enregistrez-vous sur internet ». Encore faudrait-il avoir accès au réseau internet ! Enfin mon tour. Mes billets sont confirmés et je fais faire un billet pour mon chien. Avec la cage, et jusqu'à vingt-trois kilos, cela nous coûtera 150 euros. Heureusement que ce n'est pas un gros chien, car au pallier supérieur, le prix triple !

Je dois vite rentrer à la maison car Danielle et Simon doivent venir déjeuner chez nous. Ils vivent à Sangmélima mais ont vécu la majeure partie de leur vie à Yaoundé. Ils sont de tribus différentes : Danielle est béti c'est-à-dire de la région du centre et Simon est bangangté, de la région de l'ouest. Il n'a pas été facile pour leurs familles respectives d'accepter leur mariage. Néanmoins, ils forment vraiment un très beau couple.

Danielle m'explique que les débuts de leur mariage ont été difficiles. En effet, le jour de son mariage, son père est décédé d'une crise cardiaque et trois mois après, Simon est tombé malade et a dû être hospitalisé à l'hôpital Jamot à Yaoundé. On a diagnostiqué qu'il avait la tuberculose. De ce fait, il a passé trois mois à l'hôpital jusqu'à ce qu'il se remette.

Nous nous mettons à table. Nos amis camerounais nous ont tellement choyés par leur générosité que je n'ai même pas eu besoin de cuisiner. Le maquereau braisé et les frites de plantain nous rassasient. Danielle et Simon nous quittent peu après le repas, car nous devons évacuer le logement et rendre les clés au gérant de l'immeuble.

Ayant rassemblé nos bagages et récupéré notre caution, nous allons chez Maman Antoinette attendre l'heure du départ pour l'aéroport. Elle nous apprend que le gardien de notre immeuble a parlé à son fils le matin même, pour lui dire que l'un des locataires de notre bâtiment est décédé la veille. Il s'agit du frère du propriétaire qui revenait d'une tontine, les réunions d'épargne propre à chaque tribu au Cameroun, mais tout particulièrement pour les habitants de l'ouest du Cameroun dont la famille du propriétaire fait partie. Comme la famille a eu peur des complications avec la police, ils ont transporté le corps au village durant la nuit…

Maman Antoinette nous dit qu'elle a passé un certain temps en Angleterre chez son fils et qu'à son retour au Cameroun, tout le monde lui a dit qu'elle avait le teint frais et qu'elle avait sûrement trouvé un fiancé en Angleterre du haut de ses soixante-cinq ans. Elle corrobore ces dires en affirmant qu'il s'appelle Michael ! Nous aimons beaucoup son sens de l'humour !

Aidés de nos amis, nous nous dirigeons à l'agence de bus Centrale Voyages où nous devons attendre David et Eliane qui ont promis de nous emmener à l'aéroport. Notre cage suscite un intérêt croissant. Un chauffeur de taxi nous demande ce que nous transportons. Mon mari répond : « Des moustiques, pour déranger les gens ! ». Au retour de son travail, David vient nous chercher avec une énorme voiture blanche qui vient d'arriver d'Europe. Il semblerait qu'elle ait des problèmes de marche arrière. Nous partons tout d'abord chercher notre chien chez David et Eliane. Dès que Loulou voit la laisse, elle frétille de joie car elle pense qu'elle part en balade. J'ouvre la portière arrière de la voiture. Loulou monte sans hésiter et se colle contre moi. Les effets de cachets se font ressentir. Elle baille. En route, nous admirons les demeures grandioses d'hommes illustres que David qualifie de bandits.

Nous arrivons à l'aéroport de Nsimalen. Une dizaine de porteurs se précipitent sur nos bagages à la sortie du véhicule. Nous leur demandons de s'écarter à cause du chien qui s'agite nerveusement et aussi sachant que les Camerounais ont généralement peur des chiens, nous aurons un moment de répit. Nous engageons deux porteurs et fort heureusement, David reconnaît un ami qui travaille à l'aéroport et qui va nous piloter pour toutes les formalités à remplir pour le transport de notre chien, tout d'abord le redoutable contrôle sanitaire. L'agent est une femme qui est entrée dans une grande dispute avec une dame qui souhaite transporter une grande quantité de nourriture. Après l'esclandre qui s'ensuit, je me demande quel sort me réserve cette femme. Elle est fort heureusement de meilleure humeur avec moi, mais nous fait remarquer que le certificat de bonne santé aurait dû être contresigné par les autorités de l'aéroport et non par le ministère de la Santé. J'explique en toute bonne foi que je n'étais pas au courant, mais elle ne me cause pas de problème et je pars à l'enregistrement des bagages. Un des porteurs fait tomber la cage du chariot et Loulou tremble de tout son corps. Supportera-t-elle un tel périple ?

Après présentation de nos billets électroniques et passeports ainsi que du titre de transport de notre chien, nos bagages sont enregistrés. Alors que Loulou est envoyée dans le compartiment réservé à son intention, un jeune homme se présente et m'indique que c'est lui qui va s'occuper de Loulou. Nous comprenons ce que cela veut dire et mon mari s'apprête à lui donner 500 CFA, mais le jeune homme montre sa désapprobation, le montant n'étant pas assez élevé. Mon mari lui présente un billet de 1 000 CFA ce qui permettra à Loulou de voyager en tout confort. Nous obtenons nos cartes d'embarquement et l'ami de David présente nos documents pour faire apposer la taxe de sortie de 10 000 CFA chacun. Puis nous sortons et récompensons le porteur et l'agent diplomatique.

Après avoir remercié profusément Eliane et David, leur promettant d'appeler dès notre arrivée et de rester en contact, nous allons prendre une boisson avant de passer à la douane. Une fois nos documents contrôlés, nous attendons de monter à bord de l'avion. Alors que nous faisons la queue, on nous demande si nous avons des devises à déclarer. Une jeune fille devant nous dit qu'elle a 50 euros en sa possession. L'agent lui dit qu'elle doit déclarer tout montant supérieur à 100 euros. Alors que nous prenons place dans l'avion, je me demande ce qui se passe dans la tête de Loulou, surtout au décollage.

Mon cœur se serre à l'idée de quitter ma chère Afrique, mais j'emmène plein de souvenirs, d'odeurs, de sécurités dans mon cœur. J'emmène un petit bout d'Afrique.

NOTES

[1] Roman Jakobson : Linguiste russe des plus influents du XXème siècle. Il a effectué une analyse structurelle du langage. *Essais de linguistique générale. Tome 1. Les fondations du langage.* Paris, Les Editions de Minuit, 2001

[2] Mongo Beti, *Le Pauvre Christ de Bomba*, Paris, Présence Africaine, 1976

[3] Calixthe Beyala, *Comment cuisiner son mari à l'africaine*, Paris, Albin Michel, 2000

[4] Un caba : une robe africaine.

⁵Un quartier : la notion de quartier donne une idée différente de celle accordée au sens propre français. Au Cameroun, il inclut l'idée de chemin de terre, de route non goudronnée, donc de moyens pécuniaires réduits. Ainsi, un sous-quartier est encore plus pauvre.

⁶Un sauveteur : un vendeur qui vend à la sauvette, un marchant ambulant qui porte sa marchandise sur la tête et qui la vend sur la voie publique sans patente.

⁷Faire la taille : faire un régime, si bien que la taille est bien définie.

⁸Le maquis : au sens propre le maquis étant des buissons touffus, ce mot donne l'idée de faire quelque chose en cachette, à l'abri de tout regard.

⁹Ferdinand Oyono, *Chemin d'Europe*, Paris, Julliard, 1960

¹⁰Un clando : clandestin. Les taxis camerounais se reconnaissent par leur

couleur jaune. Les taxis clandestins appartiennent à des particuliers. De ce fait, ils ne sont pas d'une couleur spécifique. Quand ils cherchent des clients, ils roulent très doucement et accostent les passagers éventuels.

[11]Les mange-mille : cette expression est utilisée pour désigner les policiers qui demandent des pots de vin, souvent de l'ordre de 1 000 CFA.

[12]Le « SMIC » camerounais s'élève aux alentours de 45 000 CFA (unité monétaire utilisée dans l'Afrique francophone), soit environ 45 €.

[13]Afritude : avec des motifs africains.

[14]Le ndolé : plat qui ressemble aux épinards composé de feuilles de légumes amères qui ont été lavées plusieurs fois pour en réduire l'amertume. Ce plat est populaire dans la région bassa.

[15] Le miando : du manioc écrasé et fermenté, cuit dans des feuilles de manioc dont la consistance rappelle celle du caoutchouc. L'équivalent du pain dans la cuisine traditionnelle à Douala.

[16] Les prunes : une variété de grosses prunes noires non sucrées dont le goût est légèrement acidulé, cuisinées et mangées comme légumes.

[17] Eza Boto, *Ville cruelle*, Paris, Présence Africaine, 1971. Eza Boto est le premier pseudonyme de Mongo Beti.

[18] Maman : ce terme est utilisé non seulement pour une mère biologique mais aussi pour toute personne se comportant comme une mère, ou pour montrer du respect à une personne plus âgée que soi.

[19] Un bibolo : un gros bâton de manioc spécifique à la région de Yaoundé.

[20] Le macabo : légume de la famille des tubercules.

[21] Le corossol: un fruit à la chair blanche au goût acidulé.

[22] Ferdinand Oyono, *Une vie de boy*, Paris, Julliard, 1956.